# LA COMPLAINTE ET LAMENTATION OV PROPHETIE DE Melusine A LA FRANCE.

*A PARIS.*

Chez Iean Richer Lebraire, rue S. Iean de Latran, à l'enseigne de l'Arbre Verdoyant.

*Iouxte la coppie Imprimée à Poictiers.*

1575.

## SONET SVR LA PROPHETIE DE MELVSINE.

*Iamais, dira quelqũ ne fut de Meluſine*
*Et qui dit le cõtraire eſt loing de verité,*
*Ou biẽ ſ'il en fut onq, elle n'a point eſté*
*Comme la fable dit prophete ſi diuine:*
*Ou, dira il encor', ſi elle fut deuine,*
*C'eſt prendre ſur le vray par trop d'authorité*
*De dire qu'ẽ ce tẽps ſon fort elle ait quitté*
*Pour venir annoncer aux François leur ruine.*
*Soit il ou faux ou vray, ie diray vraiement*
*Si la France ne prend cet aduertiſſement*
*Pẽſant que Meluſine eſt vne pure fable,*
*Qu'vne fille biẽ toſt de Saturne viẽdra*
*Qui à ſon grãd regret croire la cõtraindra*
*Que ſi le nõ eſt faux, le dire eſt veritable.*

# COMPLAINTE ET LAMENTATION OV PROPHETIE DE MELVSINE A LA FRANCE.

V R la riue du Clain, en vne part qu'il baigne
Des flots moins frequentez, verdoye vne campaigne
Que des antres obſcurs ceignans de deux coſtez
Font croire le ſeiour de quelques Deitez:
Celuy qui eſt tout franc de paſſion humaine
Iamais en cet endroit ſeulet ne ſe pourmeine,
Mais ſeulemẽt celuy que quelque ſoing rõgeard
De la guerre ou d'amour, a rẽdu tout ſongeard.
Ainſi qu'en cette part tout penſif ie chemine
I'aduiſe deſſus l'eau la Fée Meluſine,
Non telle toutefois que Raymondin la vit
Quand ſa grande beauté ſoucieux le rauit
Aupres de la Fontaine à la Soif conſacrée
Des raions de la Lune adonques illuſtrée:
Mais telle qu'elle eſtoit quand vn ſoupçõ ialous
Feit entrer Raymõdin trop credule en courous.

Elle estoit seulement femme par le visage
Et la moitié du corps: le reste du corsage
Estoit caché dans l'eau, mais le flot tortueux
Mõtroit biẽ que c'estoit vn Serpent mõstrueux.
De ionc elle n'estoit mignonnement cœffée
Cõme est sur le prin-tẽps vne Nymphe attiffée
Qu'vn Satyre lascif à trauers des roseaux
Impatient d'amour voit iouer sur les eaux:
Mais vn limon bourbeux des-honoroit sa face
Et vn triste chagrin luy desroboit la grace
Qui desroba jadis le cœur à Raymondin
Ce braue auanturier, ce braue Palladin.
Comme ie contemploy sa morne contenance
La Fée en cette sorte vne plainte commance.
Hé que m'a-il seruy de planter autrefois
Sur la pointe d'vn roc vn Fort en lieu de bois?
Ayant premierement desseigné la ceinture
Auec la peau d'vn Cerf qui seruit de mesure,
Ainsi que feit Didon qui Carthage emmura
Au cerne que la peau d'vn taureau ceintura.
Hé que m'a-il seruy de ceindre en lieu de hayes
Vn rocher esleué, de murs & fortes brayes?
Et auec des ouuriers à l'œuure diligens
Le cacher en vn rien aux yeux des voyageans?
Si ie suis maintenant comme vne vagabonde
Contrainte de changer au seiour de cette onde
Mon Fort tout esbranlé par les efforts de Mars
Qui dedans & dehors l'a remply de Soldars?
Làs ie l'auoys basty pour estre ma demeure
Preuoyant par les Cieux deuoir aduenir l'heure
Que Raymõdin sur moy son courrous vomiroit
Qui le departement de nous deux causeroit.

Et pource de mon nom cette place nommée
Estoit par Lusignan en tous lieux renommée.
Apres que Raymondin entendit le forfait
De Geoffroy q̃ Froimõd son frere auoit defait
Dans Maillieres par feu, surmonté de cholere
Le meffait de Geoffroy soudain il m'impropere,
Il m'appelle Serpente, & dist que tout mõ fruit
Par vn fatal malheur seroit bien tost destruit.
Il ne m'eut si-tost fait vn si vilain reproche
Que ie ne tombe à bas froide comme vne roche
Sans mouuement aucun, puis reuenant à moy
Ha, dis-ie, Raymondin qui me fauças la foy
Quand tu me voulus voir, l'interdite iournée,
Ie t'auois cette faute vne fois pardonnée,
C'estoit assez failly, sans encor' furieux
Décocher contre moy des traitz iniurieux.
Malheureux fut le iour entre ceux de ma vie
Où ie fus par tes yeux premierement rauie:
Helas ie lisois bien dans le ciel aimantin
Le malheur reserué par mon cruel destin!
Mais puis que n'en ay sinon la cognoissance,
Et que de l'euiter il n'est en ma puissance,
Adieu mon Raymõdin (luy dis-ie) en autre part
M'appelle le destin qui de toy me depart.
Lors d'vn ælé serpent prins la forme hydeuse
Et m'eslance dans l'ær, doublant en voix piteuse
L'adieu à Raymondin qui les pleurs espanchoit
Que mon triste depart des yeux luy arrachoit,
Comme des yeux d'Orphé la perte d'Euridice
Qu'il auoit recouuerte vne fois par blandice.
Ainsi d'vn vol sifflant le vuide ie fendy
Tant que sur Lusignan à la fin me rendy

Faisant l'ær soubs ma voix horriblemẽt rebruire
Cõme quãd Iupiter veut quelque mõt destruire
Trois fois l'on m'aduisa voler tout à l'entour
Et puis fondre soudain sur la poterne tour.
Ie n'en auois bougé, nõ mesme quãd Seruelle
Tenoit pour les Anglois cette place rebelle:
Mais or' que le François assiegé dans ce Fort
Tasche à se preualoir contre vn François effort,
Il creuse si auant, qu'il ne s'en fault pas guiere
Qu'aux enfers tenebreux il ne donne lumiere.
Pource n'esperant pas assez de seureté
Dedans mon creux manoir, ore ie l'ay quitté
Aux canõs brise-murs, des grãds roys le tõnerre,
Qui fait trẽbler d'effroy les esprits dessous terre
Que faites vous, François, ayez pitié de vous,
Se defaire soy-mesme est à faire à ces fouls
En qui sur la raison dominant la folie
Les membres tellement d'ensemble des-allie
Que vo⁹ voyez vn mẽbre estrangemẽt meurdrir
Celuy que la raison commande secourir.
N'est-ce pas grand fureur quand membre contre membre
Se bẽdãt en vu corps, luy-mesme il se desmẽbre?
France tu es ce corps possedé de fureur,
Tes membres les François, qui iadis la terreur
De tes fiers ennemis, te font, mõstrueux chãge!
Les maux qu'ils n'oseroiẽt en vne terre estrãge.
Lon ne te cognoist plus, vn noir sang amassé
Des playes qu'ils te font, à ton lustre effacé.
Et biẽ qu'en vn tel point par toy-mesme reduite
Tu peusses émouuoir le courage d'vn Scythe,
Tes voisins toutefois te voyans en ce point,

Pource qu'il viẽt de toy, tõ mal ne plaignẽt poĩt.
Ains se rient de toy comme de Polypheme
Les Cyclopes faisoyẽt, pensant qu'iceluy mesme
Se fut creué son œil, qu'auecques vn tyson
Vlysse luy creua par vineuse traison.
Ainsi France tu perds cela que la fortune
Reserue aux affligez, tant soit elle importune,
Qui est qu'estans tombez en vne affliction,
Les autres ayent d'eux quelque compassion.
Prens donc pitié de toy, ô France miserable,
Puis que tu n'as que toy à ton mal secoutable:
Autrement si tu suis ton malheureux destin,
Par les armes bien tost, France tu prendras fin.
Sçaches que dans le Ciel ie lis emburinées
Des choses d'icy bas toutes les destinées:
Si suis-ie qui predis les diuers changemens,
Et voy comme presens tous les euenemens:
Le Ciel a ordonné que les guerres ciuiles
Exerceroyent long temps tes pays & tes villes,
Afin que tes enfans à la guerre dispos
Ne peussent endurer longuement le repos,
Tournant la folle ardeur qui les guerres allume
Le mestier des combatz en nature & coutume,
Laquelle ils ne pourroyent aysément eschanger
Auant que d'esprouuer vn extreme danger:
„Car il n'est pas aisé de perdre vne habitude
„Acquise de long temps par soing & par estude.
Ainsi les fols Spartains à la guerre addonnez
Pour estre trop guerriers se veirent ruinez:
Car il ne leur estoit aucunement possible
De passer aguerris leur vie en temps paisible.
„Or rien n'est icy bas qui se doiue asseurer

,,De pouuoir sans repos longuemēt demeurer.
Pource France regarde à rompre l'entresuite
Et l'ordre du destin par qui tu es conduite
A vn malheur extreme, encore d'y pouruoir
Si tu veux, mais c'est temps, te reste le pouuoir.
,,Car combien que le Ciel fatalement dispose
,,La force seulement au consequent il pose,
Il ne te pousse pas aux guerres contre gré
Mais c'est ta volonté: la guerre est le degré
Qui te faict par apres violemment descendre
Au lieu où ton malheur certain te vient attēdre,
Ainsi celuy qui fait du sommet d'vn rocher
Vne pierre par ieu contre bas tresbucher
N'est forcé du destin, mais la pierre poussée
Par le lieu montueux de rouler est forcée.
Pauureté arreste donc le cours de ton malheur:
,,Il n'est temps de cercher remede à la douleur
,,Quād le mal est trop grād; Et alors que la Bise
,,Soufflant dans la maison où la flāme est esprise
,,La porte iusqu'au Ciel, en vain tout le hameau
,,Pour estaindre le feu, crie au secours de l'eau.
Crois France à mes propos, tu ne seras deçeüe,
Si iadis des Troyens Cassandre eut esté creüe,
Les Pergames dix ans par eux bien defendus
En vne seule nuit n'eussent esté perdus.
Ainsi dist Melusine, & soudain dessous l'onde
Elle cacha son chef: vne figure ronde
Tournoyoit par dessus, & le Clain en flottant
Sa queüe Serpentine alloit representant.

FIN.

www.ingramcontent.com/pod-product-compliance
Ingram Content Group UK Ltd.
Pitfield, Milton Keynes, MK11 3LW, UK
UKHW020501220726
13923UKWH00006B/2699